Dorian Vigarnel BADILA MOUANDA

PENITENCE ET RECONCILIATION

Dorian Vigarnel **BADILA MOUANDA**

PENITENCE ET RECONCILIATION

Origine, Crise et Importance

Éditions Croix du Salut

Imprint

Any brand names and product names mentioned in this book are subject to trademark, brand or patent protection and are trademarks or registered trademarks of their respective holders. The use of brand names, product names, common names, trade names, product descriptions etc. even without a particular marking in this work is in no way to be construed to mean that such names may be regarded as unrestricted in respect of trademark and brand protection legislation and could thus be used by anyone.

Cover image: www.ingimage.com

Publisher:
Éditions Croix du Salut
is a trademark of
Dodo Books Indian Ocean Ltd. and OmniScriptum S.R.L publishing group

120 High Road, East Finchley, London, N2 9ED, United Kingdom
Str. Armeneasca 28/1, office 1, Chisinau MD-2012, Republic of Moldova, Europe
Printed at: see last page
ISBN: 978-620-6-17071-6

PENITENCE ET RECONCILIATION : Origine, Crise et Importance

DEDICACE

Je dédie cet ouvrage à mes parents, Victor BADILA et Gabrielle VANGADIO MAFOUTA, en reconnaissance de leur amour indéfectible, de leur soutien moral constant, de leur guidance spirituelle inspirante, et de leur encouragement intellectuel inestimable.

REMERCIEMENTS

J'exprime ma profonde gratitude à toutes les personnes qui ont contribué, de façon singulière, à la réalisation de cet ouvrage. Leur soutien inestimable et leurs précieuses contributions ont été essentiels tout au long de ce processus d'écriture. Je tiens à remercier chaleureusement chacun d'entre eux pour leur temps, leurs conseils et leur expertise, qui ont grandement enrichi ce travail. Sans leur aide précieuse, ce livre n'aurait pas pu voir le jour dans sa forme actuelle.

PREFACE

Faire miséricorde : voilà une caractéristique essentielle de Dieu dans toute la Bible. Toute l'œuvre de Dieu est une œuvre d'amour, de tendresse, de pitié, de fidélité et donc de miséricorde : création, sortie d'Égypte, installation en terre promise, venue de Jésus, son enseignement, son don gratuit qu'il nous a fait de sa vie renforcent cette compassion de Dieu. Jésus affirmera : « C'est la miséricorde que je veux et non les sacrifices » (Mt 9, 13). Il continue de nous accorder sa miséricorde par les sacrements, particulièrement le sacrement de Pénitence et de Réconciliation.

Consciente que le Christ vit et agit par les sacrements, l'Église exhorte ses fidèles à confesser leurs péchés : « Tout fidèle parvenu à l'âge de la discrétion est tenu par l'obligation de confesser, au moins une fois par an, les péchés graves dont il a conscience » (CEC 1457). C'est dire combien ce sacrement est nécessaire à la vie chrétienne.

Le présent ouvrage fait écho à la portée du sacrement de Pénitence et de Réconciliation. Le mérite de son auteur, l'Abbé Dorian Vigarnel BADILA MOUANDA, est de s'interroger sur son origine, sa crise et son importance. En constatant que de nombreux fidèles (laïcs, clercs et consacrés) évitent le sacrement de Pénitence, il nous rappelle d'abord les fondements bibliques de ce sacrement. Ensuite, il expose certaines des raisons les plus courantes pour lesquelles les catholiques évitent le confessionnal : la perte du sens du péché, l'évolution de la science, l'exclusion de Dieu, la déformation de la conscience et la responsabilité du clergé. L'auteur souligne également le paradoxe vécu par ces chrétiens qui évitent la confession, mais qui affectionnent la Sainte Communion.

Enfin, l'abbé Dorian Vigarnel BADILA MOUANDA met en évidence l'importance et la nécessité du sacrement dans la vie chrétienne. Selon lui, le sacrement de pénitence est pour le pécheur l'expression d'un retour vers Dieu. C'est un retour à l'Église dont il s'est séparé à cause du péché mais aussi, il est le renouvellement de l'alliance avec le Père et de notre vie baptismale. Négliger le sacrement de la Réconciliation est donc une grave faute pour un chrétien, puisque c'est par le biais de la confession que le Seigneur nous donne l'occasion de nous réconcilier avec Lui. Somme toute, l'analyse que l'auteur de cet ouvrage fait du sacrement de pénitence nous offre des pistes permettant de revaloriser le confessionnal. Il appartient à chaque lecteur de poursuivre la réflexion, mais surtout de renouer avec le confessionnal.

Abbé Thibaut Actirus NGOUALA.

INTRODUCTION

Les Saintes Écritures et le Magistère de l'Église nous enseignent que le sacrement de « Pénitence et Réconciliation » a été institué par le Christ. C'est le moyen par lequel le prêtre, à travers son ministère sacerdotal, absout les péchés, accorde le pardon de Dieu et réconcilie avec l'Église tout fidèle pécheur. Autrement dit, il « … est la voie ordinaire pour obtenir le pardon et la rémission des péchés commis après le baptême ».[1] Le sacrement de la Réconciliation accompagne donc de bout en bout la vie spirituelle des fidèles. Pour le Magistère, ce sacrement est nécessaire au salut. En d'autres termes, c'est ce sacrement qui nous permet, entre autres, de préparer notre ciel sur terre et de maintenir saine notre relation avec Dieu. Par conséquent, il est donc indispensable pour tout chrétien qui désire, après cette vie terrestre, bénéficier de la vie éternelle. Car c'est à travers le sacrement du pardon que nous sommes lavés par le sang de Jésus. Et ce bain restaure en nous un cœur pur et un esprit ferme (Ps 51, 12), efface tous nos péchés…[2]

Cependant, les résultats de notre enquête révèlent que le sacrement de la Réconciliation est de plus en plus négligé et banalisé aujourd'hui. Bien que des voix s'élèvent çà et là pour rappeler son importance, les résultats ne semblent toujours pas être satisfaisants ; et le confessionnal est de moins en moins visité. Or, le péché reste le quotidien de tant de fidèles qui affectionnent l'Eucharistie et les exercices spirituels. Voilà pourquoi on parle de nos jours de la crise du sacrement de Pénitence qui ronge l'Église de l'intérieur. Préoccupée par cette crise, l'Église ne cesse d'organiser des synodes et des conférences pour trouver le moyen de redonner aux fidèles le goût de reprendre le chemin du confessionnal. Mais hélas ! Il est clair que le sacrement de Pénitence revêt une importance capitale dans le processus du salut. Pourtant, bon nombre de fidèles, y compris les clercs, accordent moins d'importance à ce sacrement. La nécessité d'aborder ce sujet délicat s'impose à nous comme pasteurs, à l'heure où ce noble sacrement est en difficulté. La crise liée à ce Sacrement ne cesse de prendre des proportions inquiétantes. Les causes de ladite crise sont multiples, mais il faut retenir que son origine et son importance sont méconnues de beaucoup de fidèles. C'est en fait dans cette perspective que s'inscrit cette œuvre qui a pour mission de mettre en

---

[1] Jean- Paul II, *Reconciliatio et Paenitentia*, n°31.

[2] ALINE LIZOTTE, *Les sept sacrements, dans Collection Angélique*, Paris, Nouvelle Edition Latine, p.54

lumière les origines du sacrement de réconciliation, son importance ainsi que les causes liées à cette crise. Nous mettrons en lumière ces deux aspects fondamentaux dans le but d'aider les fidèles à découvrir le bien-fondé de ce sacrement. Aussi, pour que le peuple de Dieu parvienne à comprendre qu'il n'est pas une invention pure et simple de l'Église Catholique Romaine et qu'il est d'une importance capitale pour notre vie de foi.

Chapitre I

DE LA PENITENCE COMME TRADITION A SON INSTITUTION COMME SACREMENT

I.1. La Pénitence dans l'Ancien Testament

Dans l'Ancien Testament, plus spécialement chez les Juifs, on trouve bel et bien la notion de pénitence et de réconciliation. Bon nombre des textes de l'Ancienne Alliance attestent avec suffisance que dans la loi juive, la rémission des péchés occupe une place très importante. En revanche, elle n'a pas valeur de sacrement, à en croire l'ensemble des textes et commentaires de certains théologiens.

Paul GALATIER, par exemple, rapporte dans son ouvrage intitulé « Aux origines du sacrement de Pénitence » que dans la loi juive, il était recommandé de faire un sacrifice spécial pour expier ses péchés.[3] La purification des péchés se faisait au cours d'un rite qui était exécuté par le grand-prêtre. Il accomplissait ce rite en vue de l'expiation des péchés de tout le peuple. Un sacrifice devait être offert « après avoir procédé à l'aspersion du sang des victimes. La purification générale ainsi accomplie, il confessait sur la tête du bouc émissaire (le bouc destiné à être chassé au désert) toutes les iniquités, toutes les fautes et tous les délits du peuple. Confession générale, bien entendu, mais où se marquaient le but et l'efficacité de l'ensemble de la cérémonie. Ce rite final signifiait qu'il ne restait plus de trace parmi le peuple des souillures de l'année».[4] Au cours de l'histoire, les Israélites répétaient ce rite périodiquement. Dans le Lévitique, on retrouve de façon explicite cette forme de confession nationale si le peuple venait à être infidèle. Il est écrit ce

---

[3] *Paul GALATIER, Aux origines du Sacrement de Pénitence, Romae, Cura Pontificiae Universitas Gregorianae, 1951, p. 13-14.*

[4] *Idem., p. 13.*

qui suit : « Ils confesseront alors leurs fautes et celles de leurs pères, fautes commises par infidélité envers moi, mieux, par opposition contre moi » (Lévitique 26, 40). De ce fait, en réponse à l'appel du Seigneur, le peuple juif va continuellement confesser ses péchés en Sa présence chaque fois qu'il y succombe. En guise d'exemples, nous pouvons citer les supplications de quelques chefs du peuple : Moïse en faveur du peuple après que ce dernier eût adoré le veau d'or. Il suppliait Dieu en disant : … Hélas ! Ce peuple a commis un grand péché. Ils se sont fabriqué un dieu en or. Pourtant, s'il te plaisait de pardonner leur péché… » (Exode 32, 31-32) ; Esdras, au retour de la captivité, supplia le Seigneur en ces termes : « Mon Dieu, j'ai honte et je rougis de lever mon visage vers Toi, mon Dieu. Car nos iniquités se sont multipliées jusqu'à dépasser nos têtes, et nos fautes se sont amoncelées jusqu'au ciel… Nous avons abandonné tes commandements, que par tes serviteurs, les prophètes, tu avais prescrits… » (Esdras 9,6-11) et Néhémie qui dit : « Ah Yahvé, Dieu du ciel, Toi, le Dieu grand et redoutable qui garde l'alliance et la grâce à ceux qui l'aiment et observent ses commandements, que ton oreille soit attentive, et tes yeux ouverts, pour écouter la prière de ton serviteur… Je confesse les péchés des Israélites que nous avons commis contre Toi : moi-même et la maison de mon père, nous avons péché ! Nous avons très mal agi envers Toi, n'observant pas les commandements, lois et coutumes que tu avais prescrits à Moïse, ton serviteur » (Néhémie 1, 5-7). Telles sont quelques formes de confessions collectives, dites aussi nationales, que le peuple d'Israël pratiquait lorsqu'il reconnaissait avoir violé les lois du Seigneur à travers sa mauvaise conduite.

Toutefois, la confession collective n'était pas la seule voie d'expiation des péchés. On remarque aussi une forme de réconciliation à caractère personnel chez les enfants d'Israël. Celle-ci consistait à aller à la rencontre du prêtre afin d'être délivré de son péché grâce au sacrifice fait à Dieu par le prêtre. Cet enseignement se trouve dans le livre du Lévitique, l'un des premiers de l'Ancien Testament, à travers ces mots : « Si quelqu'un pèche en l'un de ces cas… S'il est responsable en l'un de ces cas, il aura à confesser le péché commis, il amènera à Yahvé à titre de sacrifice de réparation pour le péché commis une femelle de petit bétail en sacrifice pour le péché ; et le prêtre fera sur lui le rite d'expiation qui le délivrera de son péché. » (Lévitique 5, 1-6). Cet extrait du Lévitique nous montre à suffisance que le sacrificateur, c'est-à-dire le prêtre, avait un rôle indispensable en ce qui concerne le pardon des péchés. Ce type de recommandations est aussi présent dans les autres livres fondateurs de l'Ancien Testament. Le livre des Nombres, en l'occurrence, souligne de façon claire que dans l'Ancienne Alliance, les péchés étaient pardonnés à travers l'intercession du prêtre. Explicitement, l'auteur sacré précise : « Si vous manquez par inadvertance à l'un de ces commandements que Yahvé a énoncés à Moïse… Le prêtre fera le rite d'expiation sur toute la communauté des Israélites, et il sera pardonné, puisque c'est une inadvertance » (Nombres 15, 22-25).

Bien que dans l'Ancien Testament, la pénitence n'ait pas valeur de sacrement, il est établi clairement que le peuple Juif faisait recours à la confession pour expier ses péchés. Les textes que nous venons de parcourir révèlent également la pratique de la confession individuelle. Pour expier ses péchés, le recours direct à Dieu ne suffisait pas ; « les sacrifices pour le péché exigeaient une certaine intervention des prêtres, et cette intervention, on ne pouvait guère la leur demander sans les mettre plus ou moins au courant des fautes à expier »[5]. Il y a donc des raisons de dire que le modèle de pénitence explicité dans l'Ancienne Alliance peut être considéré comme l'un des éléments fondateurs du Sacrement de pénitence tel que nous l'avons aujourd'hui. Donc, dans l'Ancien Testament, la pratique pénitentielle y est, bien qu'elle ne soit pas encore instituée comme sacrement.

Au regard de ce qui précède, nous pouvons dire avec certitude qu'à partir de l'Ancienne Alliance, Dieu avait établi le sacerdoce. Il l'a créé pour que les hommes aient la possibilité de se réconcilier avec Lui. En dépit du fait que la pratique existe dans la loi juive telle que l'attestent les Saintes Ecritures (Ancien Testament), celle-ci n'avait pas cependant valeur de sacrement. Admettant que dans l'ancienne Alliance la Pénitence n'est pas encore instituée comme sacrement, qu'en est-il de la Nouvelle Alliance avec l'avènement du Christ ?

---

[5] Paul GALATIER, *Aux origines du Sacrement de Pénitence*, Romae, Cura Pontificiae Universitas Gregorianae, 1951, p.18.

I.2.2. La Pénitence dans le Nouveau Testament

Le pardon des péchés tel que prescrit dans la loi juive était beaucoup plus porté sur la justification. Celle-ci n'avait qu'un seul but, détourner la colère de Dieu. Par conséquent, elle ne remettait pas complètement les péchés du peuple ou des pénitents. Car la rémission complète des péchés débute avec la venue de Jésus-Christ sur terre. La lettre aux Hébreux explique de façon claire cette assertion lorsqu'elle affirme : « En effet, du sang de taureaux et de boucs est impuissant à enlever des péchés » (Hébreux 10, 4).

Dès l'avènement de Jean-Baptiste, le précurseur, qui avait pour mission de préparer les chemins du Seigneur, les pénitents ne s'arrêtent plus qu'à la confession, mais ils se font aussi baptiser. Nous en avons la certitude partant du témoignage de l'Evangéliste Matthieu qui rapporte ce qui suit : « Ils se faisaient baptiser par lui dans les eaux du Jourdain en confessant leurs péchés » (Matthieu 3, 6).

Ayant accompli sa mission, prêt à faire place au Messie, Jean-Baptiste, en montrant Jésus, déclare en public : « Voici l'agneau de Dieu, celui qui ôte le péché du monde » (Jean 1, 29). C'est pourquoi, dans l'exercice de son ministère, le Christ va pardonner tour à tour les péchés de ceux qui vont s'ouvrir, croire en Lui et en sa miséricorde. C'est notamment le cas des épisodes du paralytique : mon enfant, tes péchés sont remis » (Marc 2,5) ; de la femme pécheresse lors du repas chez Simon en disant : « Tes péchés sont remis » (Luc 7,48) ; et de la femme adultère quand Il dit : « …Moi non plus, je ne te condamne pas. Va, désormais, ne pèche plus » (Jean 8, 11). Ces illustrations attestent à suffisance que Jésus a bel et bien exercé le ministère du pardon au cours de son passage sur terre. Même si, les Juifs ont eu du mal à admettre que le Fils de Marie dans la chair avait le pouvoir de pardonner les péchés, Lui, au contraire, exerçait ce ministère avec autorité, car il était à la fois vrai Dieu et vrai homme. En guérissant le paralytique, il le dit lui-même lorsqu'il déclare : « Eh bien ! Pour que vous sachiez que le Fils de l'homme a le pouvoir sur terre de remettre les péchés, lève-toi… Prends ton lit et va-t'en chez toi » (Matthieu 9,6). En passant de ce monde à son Père, le Christ confère à ses Apôtres le pouvoir de remettre les péchés. Il le fait en vertu des pouvoirs qu'il a reçus de son Père. D'ailleurs, il l'énonce bien en disant : « Tout pouvoir m'a été donné au ciel et sur terre… » (Matthieu 28, 18). Et « comme le Père m'a envoyé, moi aussi, je vous envoie. … Recevez l'Esprit Saint. Ceux à qui vous remettrez les péchés, ils leur seront remis ; ceux à qui vous les retiendrez, ils leur seront retenus » (Jean 20, 21-23). Ces passages montrent de façon claire comment le Christ fait de ses Apôtres des ministres de la réconciliation et du pardon. Après avoir reçu ce ministère, les Apôtres l'ont exercé comme les Saintes Ecritures l'affirment. Dans les Actes des Apôtres, on lit par exemple : « Beaucoup de ceux qui étaient devenus croyants venaient faire leurs aveux et dévoiler leurs pratiques » (Actes 19, 18).

Le Christ est donc, sans aucun doute, celui qui a institué le Sacrement de Pénitence après sa résurrection. L'institution de la Réconciliation comme Sacrement trouve ses fondements dans les paroles mêmes de Jésus, ce n'est pas une invention de l'Eglise Catholique, comme certains l'énoncent. C'est le Christ Lui-même qui a voulu donner à Ses Apôtres le pouvoir de pardonner les péchés en son nom. Et l'Eglise, à la suite des Apôtres, a reçu le pouvoir de pardonner les péchés au nom du Fils de Dieu. Aussi, l'Eglise, toujours à la suite des apôtres, poursuit cette œuvre à travers ses ministres à l'image et à l'exemple de ces derniers. Comment alors ce sacrement est vécu et célébré dans l'Eglise ?

I.2.3. L'Eglise et le sacrement de Pénitence

L'Eglise est un sacrement pour le monde, écrit le Pape Jean-Paul II. Elle l'est par le canal des sept sacrements qui font l'Eglise chacun à sa manière. De plus, les sacrements sont source de vie pour Elle, et, entre ses mains, instruments de conversion à Dieu et de réconciliation des hommes[6].

Les sacrements jouent un rôle très important dans la vie de l'Eglise. En outre, à travers eux, les chrétiens commémorent et renouvellent de façon permanente le mystère de la Pâques du Christ. Ils sont le moyen par lequel les hommes rendent concret leur désir de vouloir rencontrer Dieu. Étant donné que « tout sacrement est une rencontre, c'est à travers les signes humains de cette rencontre que s'accomplit la réalité divine »[7]. Chaque sacrement dans sa totalité rend possible l'union intime entre Dieu et l'homme. Or, cette union ne peut être évidente que si celui-ci accepte de s'ouvrir à Lui en renouvelant sa vie. Ce renouvellement commence par le baptême qui est

---

[6] Jean Paul II (Saint), « *Reconciliatio et Paenitentia* », n°11
[7] Xavier JACQUES, « *Le sacrement de la conversion* », dans *Christus* n°39, Tome 10, juillet 1963, p. 320.

le sacrement fondamental de la rémission des péchés.[8] Grâce à lui, le baptisé jouit désormais d'une nouvelle vie en Christ.

Plongé dans les eaux du baptême, il en ressort purifié et est convié de se conduire désormais selon les préceptes du Seigneur. Mais la fragilité humaine est telle que l'homme tombe toujours dans le péché. Puisque cette nouvelle vie en Christ nous la portons « en des vases d'argile » (2 Co 4,7).

Dans « *Laissez-vous réconcilier avec Dieu,* » il est écrit à propos : « Le baptême est célébré une fois pour toute, mais la vie baptismale dure toute l'existence. Pourtant, les baptisés – nous en savons quelque chose – retombent dans le péché en posant des actes opposés à l'alliance filiale avec Dieu... »[9]. Le baptême purifie, mais n'immunise pas l'homme contre la lèpre du péché. Voilà pourquoi « toute la vie du baptisé est donc une vie (...) de conversion permanente en marche vers la réconciliation »[10]. C'est dans cette perspective qu'a été instituée par le Christ la pénitence, sacrement qui renouvelle la grâce du baptême. En effet, c'est après sa résurrection qu'il dit à Ses apôtres : « Recevez le Saint-Esprit. Ceux à qui vous remettrez les péchés, ils leur seront remis, ceux à qui vous les retiendrez, ils leur seront retenus » (Jean 20, 22 – 23). Le Christ a donc donné aux apôtres, en vertu de la force de l'Esprit Saint, le pouvoir de réconcilier avec Dieu et l'Eglise les pécheurs repentants[11]. En fait, il s'agit de tous les membres pécheurs, et spécialement de ceux qui perdent la grâce baptismale à cause des péchés graves commis après le baptême[12].Car « ceux qui s'approchent du sacrement de Pénitence y reçoivent de la miséricorde de Dieu, le pardon de l'offense qu'ils lui ont faite et du même coup sont réconciliés avec l'Eglise que leur péché a blessée... »[13].

A l'image des apôtres, l'Eglise aujourd'hui poursuit la mission que ceux-ci ont reçue du Seigneur pour le bien de son Eglise. Ce n'est donc pas de son propre chef que celle-ci se donne la peine d'inviter ceux qui succombent à la tentation du péché à contracter le sacrement de Pénitence.

---

[8] Claude Duchesneau et Al, *Laissez –vous réconcilier avec Dieu*, Paris, Cerf, 1999, p. 35.

[9] Idem, p.37.

[10] Claude Duchesneau et A l, *Laissez –vous réconcilier avec Dieu*, Paris, Cerf, 1999, p.37.

[11] Mme Elisabeth Gauché, « *laissez –vous réconcilier* », dans la Documentation Catholique n°2424, Mai 2009, p.511.

[12] CEC., n°1446.

[13] Jean Paul II, « *Reconciliatio et paenitentia* », n°30.

C'est pourquoi, nous pouvons affirmer avec certitude et assurance que l'Eglise tient de Dieu le pouvoir de remettre les péchés.

A l'instar des apôtres, le ministère de la Réconciliation est exercé désormais par leurs successeurs : les Evêques ainsi que leurs collaborateurs, les prêtres. Puisque seuls les ministres ordonnés, en vertu du sacrement de l'ordre, ont le pouvoir de pardonner tous les péchés « au nom du Père et du Fils et du Saint-Esprit »[14]. Autrement dit, il n'y a que les prêtres qui sont habilités à administrer ce sacrement en lieu et place du Christ. C'est cela qu'enseigne le Magistère de l'Eglise. Le Père Hervé le souligne bien lorsqu'il écrit : « Tout prêtre ayant reçu de l'Eglise le pouvoir d'absoudre validement (les péchés) agit in persona Christi, au nom du Christ. Il ouvre pour notre âme la source du pardon qui est le sang du Christ rédempteur et il la lave dans ce sang »[15]. Par l'intermédiaire du prêtre, le Christ offre son pardon à tous ceux qui se reconnaissent pécheurs et décident de se réconcilier avec Lui. Il agit en la personne du ministre consacré à l'instant même que le pénitent s'ouvre en confessant ses iniquités. Dans le sacrement de la Réconciliation, c'est Dieu Lui-même qui opère la rémission des péchés. Le prêtre qui se présente dans le confessionnal n'est qu'un instrument au service du Seigneur. Aline LIZOTTE, explicite bien cela dans l'un de ses textes quand elle affirme : « Le sacrement de la réconciliation est le signe sensible du pardon de Dieu…. La miséricorde de Dieu, qui s'exerce par le sacrement du pardon, agit donc à l'égard du pécheur, … Le sacrement du pardon dispose l'âme du chrétien à recevoir dans l'absolution l'application des mérites de la rédemption qui lui pardonne tous ses péchés »[16]. On ne peut donc sortir du confessionnal sans bénéficier du pardon de Dieu après une confession sincère. Dieu fait don de son pardon à celui qui reconnaît ses actions mauvaises et prend le courage d'aller vers Lui.

L'Eglise dispose de deux manières d'absoudre les péchés graves : l'absolution individuelle et l'absolution collective. Toutefois, l'Eglise encourage de plus en plus l'absolution individuelle qui va de soi avec la confession privée. Cette formule est beaucoup plus conseillée parce que, dans le sacrement de la Réconciliation, Dieu appelle chaque Homme par son nom.

---

[14] CEC, n°1461.

[15] Herve ANDONGUI, A quoi bon se confesser ? Le sacrement de pénitence et de réconciliation : un sacrement en difficulté, Brazzaville, Tino-Stars, p.45.

[16] Aline LIZOTTE, Les sacrements, dans collection Docteur Angélique, Paris, Nouvelle Edition Latine, 1982, p.54

C'est-à-dire, il se réalise une rencontre tout à fait personnelle et intime entre Dieu et le pénitent. Cet acte libre et délibéré restaure la communion sacramentelle avec l'Eglise et renouvelle la communion avec Dieu. Le Magistère insiste sur cette formule en réalité pour éviter le camouflage des péchés. C'est chacun qui doit prendre courage de se sentir responsable de ses actes, les assumer et prendre le courage, comme l'enfant prodigue, de retourner vers le Père.

A la suite de Vatican II, le Magistère a élaboré un nouveau rituel pour le sacrement de Pénitence. Grâce à cette initiative, la célébration pénitentielle verra le jour. Tout ceci, toujours dans le but de donner plus d'opportunités aux fidèles d'avoir accès à ce sacrement. Malheureusement, bien que rénové au début des années soixante, ce rituel va peu à peu être désavoué de nouveau. Finalement, l'Eglise sera en face de ce que l'on a nommé : la crise de la Pénitence. Elle touche l'Eglise universelle, comme l'a fait remarquer le Synode de 1983 sur « *la Pénitence et la Réconciliation* » lancé par le Pape Jean-Paul II.

Malgré les efforts entrepris par le Magistère, depuis 1960 jusqu'à nos jours, on ne cesse guère de parler de la crise du sacrement de Pénitence. De plus en plus, on assiste à la désaffection de ce noble sacrement par les fidèles, et même les personnes consacrées, y compris les prêtres. Qu'à cela ne tienne, l'Eglise, à travers le Pape et les Evêques, continue à rappeler avec ardeur à ses fidèles la valeur de ce sacrement. En fait, en agissant ainsi, ils réactualisent l'œuvre du Christ qui veut que son « Eglise continue, dans la force de l'Esprit Saint, son œuvre de guérison et de salut,… »[17]. C'est cela l'un des buts essentiels du sacrement de la Réconciliation. Puisque le péché porte atteinte et brise la relation que nous entretenons avec le Créateur. L'Eglise à son tour nous propose la Réconciliation comme la seule voie susceptible de rétablir cette communion brisée. C'est elle qui nous guérit de la lèpre du péché et nous ouvre les portes du Paradis. Mais cela n'est possible que si nous acceptons de confesser nos péchés à travers le sacrement de Pénitence.

Pour donner un sens à cette démarche, l'Eglise recommande la présence physique du pénitent. On ne peut donc user des moyens de communication pour solliciter le pardon de Dieu. C'est dans ce sens, que le Père Lombardi, alors porte-parole du Vatican, le 9 février 2011, rappelait que

---

[17] CEC. ; n°1421.

le sacrement de Pénitence nécessite la présence du Pénitent et du prêtre. Il poursuivait en signifiant qu'il ne peut y avoir de confession par l'intermédiaire des iPhone. Ce correctif intervient dans le but de prohiber toute déviation liée à la confession sacramentelle. Dans son homélie du 25 octobre 2013, le Pape François exhorte à son tour le peuple de Dieu d'aller vers le prêtre pour se confesser concrètement.

Eu égard à ce qui précède, retenons que la notion de Pénitence figure bel et bien dans les Saintes Ecritures. Dans l'Ancien Testament, bien que vécue par les Juifs, elle n'avait pas valeur de sacrement ; par contre, dans le Nouveau Testament, elle devient sacrement, parce qu'il a été institué par le Christ et confié à ses apôtres. Ainsi, l'Eglise poursuit ce ministère reçu des apôtres à travers les Evêques et les prêtres dans le sacrement de Pénitence.

Crise et importance du sacrement de Pénitence.

Chapitre II

CRISE ET IMPORTANCE DU SACREMENT DE PENITENCE

II.1.1. La perte du sens du péché

La crise du sacrement de Pénitence est l'un des sujets majeurs qui préoccupe de façon considérable l'Eglise aujourd'hui. Sous le Pontificat de Jean-Paul II, un Synode fut consacré à ce noble sacrement. En réalité, les travaux de ce Synode ont permis aux Pères Synodaux de répertorier les causes de cette crise. C'est finalement dans l'Exhortation apostolique « *Reconciliatio et Paenitentia* » que le Saint-Père cite et commente chacune de ces causes. La première de toutes, c'est la perte du sens du péché. Elle est la source d'autres crises qui contribuent aussi à la négation du Sacrement de Pénitence. Toutefois, avant de montrer en quoi consiste la perte du sens du péché, il est important d'expliquer d'abord la notion du péché. En d'autres termes : comment le Magistère et les théologiens de l'Eglise Catholique Romaine conçoivent l'idée du péché ?

Objet de rupture avec Dieu, le péché, écrit le Pape Jean-Paul II, est un acte de désobéissance d'une créature qui rejette implicitement celui qui est à son origine. C'est un acte suicidaire, puisque par le péché, l'homme refuse de se soumettre à Dieu.[18] Selon le Saint-Père, en adoptant cette attitude, le péché devient « un désordre provoqué par l'homme (contre les principes suprêmes de la vie) »[19]. C'est en s'opposant à la volonté de Dieu que l'homme tombe dans le péché et, par conséquent, s'éloigne de son Créateur. Pour la tradition de l'Eglise, désobéir à Dieu est un péché mortel. Parce que c'est de façon libre et consciente que l'homme décide de refuser Dieu et sa loi. En outre, le péché se veut être alors le refus de se soumettre aux préceptes divins et le fait de mettre au centre de son existence sa volonté au détriment de celle de Dieu.

« Le péché est par définition désobéissance à Dieu. Il nous éloigne de Dieu et nous prive d'une manière ou d'une autre de la grâce sanctifiante »[20].

---

[18] Jean Paul II, « *Reconciliatio et paenitentia* », n°15.

[19] Idem., n°17.

[20] Herve ANDONGUI, A quoi bon se confesser ? *Le sacrement de pénitence et de réconciliation* : un sacrement en difficulté, Brazzaville, Tino-Stars, p.33.

A travers le péché, l'homme offense Dieu, se soustrait de sa grâce et blesse en même temps la communion avec l'Eglise. Le péché n'est pas seulement une infraction contre Dieu, mais il a aussi des dimensions ecclésiales[21]. Tenant compte de ces assertions théologiques sur le péché, nous pouvons affirmer sans aucun doute que le péché est l'œuvre de l'homme[22]. Il en est l'acteur du fait de son agir vis-à-vis de ses rapports avec Dieu, puisqu'il n'y a de péché qu'en face de Dieu.

Bien que conscient de tous ces enseignements théologiques expliqués ci-dessus, la réalité du péché semble perdre sa raison d'être en milieu chrétien. En revanche, comme le souligne Aline LIZOTTE : « Même baptisés, nous péchons par fragilité, par habitude, par malice, nous péchons gravement ou légèrement…»[23] et bien avant, Saint Jean affirmait déjà que : « Si nous disons : nous n'avons pas de péché, nous nous abusons » (1Jn.1, 8). C'est dire que, même chrétien, le péché fait toujours irruption dans notre vie et nous empêche de consolider des rapports saints avec le Seigneur. Dans sa miséricorde, Dieu nous offre la possibilité de nous réconcilier avec Lui par l'entremise du sacrement de Pénitence. Malheureusement, beaucoup de fidèles négligent cette option que l'Eglise nous propose pour la rémission des péchés commis après le baptême. De ce fait, le sacrement de la Réconciliation se trouve actuellement en difficulté. L'Eglise fait face à un malaise qui n'est autre que la conséquence de plusieurs maux qui affectent le peuple de Dieu. Parmi ces maux, nous citons la perte du sens du péché, une déviation qui bat son plein en milieu chrétien et le refus de s'avouer pécheur.

Face à un monde qui banalise la réalité du péché, le Magistère et les théologiens y compris ont essayé de donner une explication susceptible de mettre en lumière les raisons de cette crise ou mieux son origine.

Pour le Pape Jean-Paul II, la perte du sens du péché est le résultat de la négation de Dieu. Il considère ce fléau comme le point de départ de l'athéisme et du sécularisme, parce que le péché n'est pas seulement le fait de nier Dieu. Mais c'est aussi vivre comme si Dieu n'existait pas, et même l'effacer de sa vie quotidienne.[24] Il faut aussi citer l'influence d'une éthique qui relativise la

---

[21] Jean AMBAUM, « *Le sacrement dans la vie de pénitent* », dans Revue Catholique internationale Communio, tome III, n°5, septembre-octobre 1978, p.41.

[22] Jean Paul II, « *Reconciliatio et Paenitentia* », n°15.

[23] Aline LIZOTTE, Les sacrements, dans collection Docteur Angélique, Paris, Nouvelle Edition Latine, 1982, p.53.

[24] Jean Paul II, « *Reconciliatio et Paenitentia* », n°18.

norme morale et qui nie l'existence des actes mauvais. Celle-ci, selon le Pape, a sa racine dans la conscience de l'être humain et est comme son instrument de mesure. Elle est une déviation qui a des ramifications avec la question du sens de Dieu, parce qu'il provient du rapport conscient de l'homme avec Dieu comme son Créateur. [25] A côté du Magistère, nous avons quelques théologiens qui ont aussi donné leur point de vue sur la manière de considérer le péché actuellement.

J-C SAGNE, notamment, pour sa part, pense que : « Les symptômes de la perte du sens du péché sont de l'ordre du langage, de l'expression sacramentelle, de la conduite et du vécu intérieur (…). » D'après lui, les raisons qui justifient la perte du sens du péché sont multiples : D'abord, il met au centre la question de la liberté. Parce que, à en croire J-C SAGNE, toute question relative au péché est liée au problème de la liberté de l'homme. Ensuite, il indexe la peur de l'homme d'objectiver Dieu et enfin le fait de ne plus considérer le péché comme transgression d'un interdit. GERARD DEFOIS, abordant la question, pense que le péché a perdu son sens à cause de l'immoralité ambiante, de la chute progressive de tous les tabous et de l'égoïsme favorisé par le développement du confort. Le péché qui était autrefois perçu comme le fait de poser un acte mauvais, de faire une chose défendue ou encore battre en brèche un tabou et transgresser une loi, n'est plus d'actualité aujourd'hui. Ce revirement est justifié, entre autres, par les progrès scientifiques qui engendrent des nouvelles idéologies et changent l'agir de l'homme, parfois négativement. C'est justement dans ce même ordre d'idées que la science est pointée du doigt du fait qu'elle installe des systèmes de pensée qui ne permettent plus de situer le sens et la source du péché dans la vie de l'homme. Par conséquent, le péché ne fait plus peur aux fidèles et n'est plus considéré comme une occasion de chute et de désespoir. Simultanément, le sacrement de Pénitence tombe de plus en plus en désuétude.

Pour avoir perdu le sens du péché, la confession paraît aujourd'hui aux yeux de certains chrétiens comme une routine inutile. Ce constat amer se justifie par une baisse considérable du nombre de fidèles qui fréquentent le confessionnal. Aussi, il faut ajouter que pour beaucoup de fidèles, le péché, le sens du péché, la pénitence, sont inactuels et appartiennent à des époques

---

[25] Idem., n°18.

révolues[26]. Il est clair qu'en soutenant cette assertion, nous comprenons que l'Homme préfère se modeler et configurer sa vie par rapport à l'esprit du monde. Par conséquent, il devient esclave du mal et finalement ennemi de Dieu. De même, pour avoir perdu le sens du péché, l'homme refuse de reconnaître le mal qu'il fait, rejette Dieu ainsi que sa loi sans inquiétude. Parallèlement, disons que nous sommes en face d'une situation où le péché n'a plus sa place dans notre société, parce que chaque acte se traduit par des fautes morales. On préfère se considérer victime, blessée par le péché, plutôt que pécheur[27]. Il est donc évident que l'idée du péché est en passe de disparaître des esprits du 20ème siècle. Certains observateurs pensent même que c'est en partie le rationalisme athée qui exténue le sens du péché, ainsi que la décadence morale des sociétés actuelles. Le péché est devenu une spécialité, un terrain de prédilection pour notre époque[28]. Au lieu de s'humilier devant Dieu pour obtenir son pardon, l'homme réfléchit pour trouver les justes mots qui l'aident à contester farouchement l'existence d'un quelconque péché.

Pour Jean-Paul II, le sens du péché disparaît aussi à cause de l'influence d'une éthique dérivée d'un certain relativisme historique. Dans la même suite d'idées, il pointe aussi du doigt l'enseignement donné aux jeunes, dans les médias, l'éducation familiale qui s'identifie parfois au sentiment morbide de la culpabilité ou avec la simple transgression des normes et des préceptes de la loi[29]. Jean Marie Aubert, de son côté, situe la principale cause de la perte du sens du péché dans l'athéisme moderne et la perte de la foi. Ainsi, il atteste qu'il est difficile aujourd'hui de parler du péché tant que cette notion est dépréciée, considérée comme démodée, et cela, même par de nombreux chrétiens[30].

Bref, le développement des sciences humaines a un impact considérable sur cette déviation qui corrompt le sens initial du péché. Comment alors les

---

[26] M.DANIEL-ROPS, « *Le péché est-il inactuel ?* » dans semaine des intellectuels Catholiques, Monde moderne et Sens du Péché, Paris, Edition. PIERRE HORAY, 1956, p.21.

[27] IMA ZALESKI, Conversion of the Heart: The Way of Repentance (Toranto, Novalis, 2003), p.30. (Traduction de la CECC).

[28] GABRIEL MARCEL, « Le péché est-il inactuel ? » dans Semaine des Intellectuels Catholiques, Monde moderne et Sens du péché, Paris, Edition. PIERRE HORAY, 1956, p. 21.

[29] Jean Paul II, Reconciliatio et Paenitentia, n°18

[30] Jean –Marie AUBERT, La Morale, Paris, Centurion, 1992, p.63.

sciences humaines contribuent-elles à la désaffection du sacrement de pénitence ?

II.1.2. L'évolution de la science

a) La Psychologie

Selon le Pape Jean-Paul II, à cause de la psychologie, la préoccupation de ne pas culpabiliser ou de ne pas mettre un frein à la liberté porte à ne jamais reconnaître aucun manquement.[31] De nos jours, lorsqu'on se conduit mal, on préfère consulter un psychologue pour se libérer du sens de la faute et retrouver la sérénité. C'est exactement pour cette raison que la confession sacramentelle ne dit plus rien aux chrétiens. Le péché n'existe plus, tout ce que l'Homme pose comme acte mauvais se traduit par une faute et l'on trouve des explications scientifiques pour apaiser le coupable. M. Daniel-Rops fait remarquer dans le même ordre d'idées que les découvertes de la psychologie contemporaine et de la psychanalyse poussent à dire que : le paresseux n'est qu'un asthénique, l'orgueilleux un candidat à la paranoïa, le coléreux un agressif pathologique et le luxurieux est victime d'un déséquilibre hormonal. Il n'y a plus de péchés, mais des maladies, plus de vices, tout court, mais des vices de fonctionnement[32]. Or, bien qu'ils soient plus ou moins analogues, la névrose et le péché sont deux phénomènes totalement différents. Ainsi, il n'est pas juste d'expliquer chaque réaction du comportement humain en s'appuyant sur les conditionnements biologiques ou du milieu ambiant. Cela entraîne une crise grave, source de la banalisation du péché. Par conséquent, les pécheurs n'existent plus parmi nous, il n'y a que des malades.

La complaisance morale prend de plus en plus des proportions inquiétantes et Dieu est exclu de la vie de l'Homme. D'où le péché n'existe plus pour lui, on ne se sent plus responsable et le sacrement de pénitence finalement ne dit plus rien à personne. THEODULE REY-MERMET affirme pour sa part que cette situation est à l'origine de beaucoup de dégâts. Pour lui, cette crise crée « une certaine complaisance morale, une évacuation de Dieu

---

[31] Jean Paul II, « *Reconciliatio et Paenitentia* », n°19.

[32] M.DANIEL-ROPS, « *Le péché est-il inactuel* ? » dans semaine des intellectuels Catholiques, Monde moderne et Sens du Péché, Paris, Edition. PIERRE HORAY, 1956, p.24.

et donc du péché, une perte de responsabilité, un oubli de la prière et des sacrements… »[33]. Convaincus de certaines allégations scientifiques des psychologues, certains fidèles expliquent pourquoi ils ne se confessent plus. Dans une « enquête T.C. (p.192) … Un fidèle rapporte personnellement que, si je ne me confesse plus, c'est bien parce que j'ai trouvé des personnes qui savent mieux guider l'âme que le prêtre. Un psychanalyste de mon choix m'apporte plus, pour ma vie et pour les autres, que la récitation de mes fautes et l'absolution dans le coin le plus sombre d'une église, de quelqu'un que je ne vois pas »[34]. Ce témoignage prouve suffisamment combien certaines affirmations de la psychologie réconfortent un grand nombre des fidèles qui désavouent le sacrement de pénitence. Pourtant, le péché est une réalité qui n'a rien à voir avec la psychologie, il a plutôt un sens religieux. Puisque le péché ne se comprend qu'en référence ; à une autre personne, Dieu lui-même. Ainsi, c'est plutôt au prêtre qu'il faut faire recours lorsqu'on se reconnaît pécheur et non chez un psychologue.

b) Science Sociologique

En citant la sociologie, Saint Jean-Paul II montre que c'est à cause des extrapolations indues des critères de cette science que l'on parvient aujourd'hui à observer dans la société toutes les fautes dont l'individu est déclaré innocent. Cela entraîne de nos jours à son avis un déplacement de la notion du péché.

L'accent est effectivement mis sur la dimension sociale de la faute, au détriment de son caractère proprement personnel. L'homme a perdu le sens de la responsabilité face à la réalité du péché. Il s'avère que le péché ne semble plus être perçu au niveau individuel et que « (…) le péché personnel se dissout dans une sorte de péché collectif, le péché du monde (…) »[35].

---

[33] THEODULE REY-MERMET, *Laissez – Vous réconcilier*, Paris, Cerf, 1992, p.125.

[34] Idem., p.125.

[35] M. Daniel-Rops, « *Le péché est-il inactuel ?* » dans *Semaine des Intellectuels Catholiques, Monde moderne et sens du Péché*, Paris, Edition. Pierre HORAY, 1956, p.24.

c) Anthropologie culturelle

En parlant de l'anthropologie culturelle, le Pape Jean-Paul II souligne que l'influence du milieu et des conditions historiques sur l'homme limite sa responsabilité. Et cette influence emmène ce dernier à ne pas reconnaître sa capacité de poser des actes humains et aussi la possibilité de pécher.[36] Cette nouvelle culture met en évidence une forme de morale qui a une inspiration anthropologique. Celle-ci, en effet, ne repose plus sur le sens de Dieu, mais plutôt sur le sens de l'homme.

Tenant compte de ce qui précède, nous constatons que l'accent est mis sur l'homme au détriment de Dieu. Cette anthropologie culturelle actuelle a des conséquences néfastes sur la relation de l'homme avec son Dieu. En écartant Dieu du centre de sa vie, le péché perd son sens et le sacrement de pénitence perd sa valeur. On n'a plus besoin de ce sacrement parce qu'on se place soi-même au centre de son existence et le péché n'existe plus. Au lieu de voir le péché partout, on ne le distingue plus nulle part, la peur des peines éternelles n'est plus de mise. On prêche plutôt un amour de Dieu qui exclut toute peine méritée par le péché. A la place de corriger les consciences erronées, on prône un tel respect de la conscience qu'il finit par supprimer le devoir de dire la vérité[37].

---

[36] Jean Paul II, « *Reconciliatio et Paenitentia* », n°18.
[37] Idem., n°18.

II.1.3. L'exclusion de Dieu

Dans « *Reconciliatio et Paenitentia* », Saint Jean-Paul II justifie l'exclusion de Dieu d'abord comme une rupture et une désobéissance envers Dieu. Ensuite, il le présente comme ce qui a été et ce qui est vu comme péché tout au long de l'histoire humaine, sous des formes diverses. Et ces formes, selon lui, vont jusqu'à la négation de Dieu ainsi que de son existence. Enfin, il l'assimile au phénomène de l'athéisme[38]. En commentant l'Exhortation apostolique *«Reconciliatio et Paenitentia »*, le Père Gervais explique l'exclusion de Dieu comme le drame de l'homme moderne qui veut se construire une cité sans Dieu. Cette dernière est construite, selon lui, sous le mode de l'oubli ou de l'indifférence qui entraîne une rupture avec Dieu. Ainsi, l'homme ne peut confesser son péché parce qu'il ne se met pas en vérité devant Dieu[39]. Pour avoir exclu Dieu dans le cours de son existence, l'homme perd non seulement le sens de Dieu, mais aussi celui du péché. Cette attitude a un impact négatif sur la valeur que l'on donne au sacrement de pénitence aujourd'hui. A vrai dire, il n'est pas possible de valoriser avec dévotion ce sacrement si l'on n'accepte pas Dieu dans sa vie et si l'on ne se reconnaît pas pécheur. Etant donné que Dieu n'existe plus, le péché ne semble plus avoir sa raison d'être et, par conséquent, la pénitence tombe en désuétude. Le Pape Benoit XVI écrit à propos : « Là où Dieu est exclu de la sphère publique, le sens de l'offense contre Dieu qui est le véritable péché disparaît, de même que lorsque la valeur absolue des normes morales est relativisée, les catégories du bien et du mal disparaissent avec la responsabilité individuelle »[40]. Autrement dit, c'est le refus ou le rejet de Dieu qui contribue donc à l'affaiblissement du sens du péché. Et ce refus de Dieu est une forme de désobéissance de l'homme qui refuse de reconnaître la primauté de Celui-ci dans sa vie. L'homme préfère désormais se mettre au centre de sa vie et s'adonne à faire sa propre volonté plutôt que celle de Dieu. Cette attitude renforce son mépris de Dieu, qui à son tour engendre l'irresponsabilité face au mal et, en conséquence, la négation du sacrement de pénitence.

---

[38] Ibidem., n°15.

[39] P.Gervais,S.J., « *Reconciliatio et Paenitentia* », dans *Nouvelle Revue théologique*, Tome 108/n°2, Mars-Avril 1986, p.200.

[40] https:// www.la-croix.Com du 02-12-2011

II.1.4. La déformation de la conscience

En abordant le thème de la déformation de la conscience, le Pape Jean-Paul II dans « *Reconciliatio et Paenitentia* » se posait la question de savoir « si l'homme contemporain ne vit-il pas sous la menace d'une éclipse de la conscience, d'un engourdissement ou d'une « anesthésie » des consciences » ? Poursuivant sa réflexion, le Saint-Père constate qu'il y a une multitude de signes qui montrent qu'à notre époque, une telle éclipse se produit. C'est en effet, pour cette raison, que le sens du péché est obscurci, car il a un lien direct avec la conscience morale. Ainsi, c'est avec la conscience que le sens de Dieu s'obscurcit, et lorsque cette réflexion intérieure est perdue, le sens du péché disparaît[41].

Les travaux de la Commission théologique Internationale sur le thème de la pénitence ont révélé un certain nombre de raisons qui contribuent à sa déchéance. Parmi ces raisons, cette commission cite la déformation de la conscience qu'elle considère comme l'un des facteurs qui poussent l'homme à désapprouver le sacrement de pénitence. En des termes clairs, une partie de leur rapport stipule que : « La crise de la pénitence a pour fondement ultime une crise de l'homme moderne, principalement de l'homme marqué par la civilisation occidentale, une crise de la compréhension qu'il a de lui-même. D'une façon générale, cet homme d'aujourd'hui ne connaît plus et ne veut plus reconnaître ni péché ni conversion. De nos jours, il arrive très souvent qu'on ne conçoive plus la faute et le péché comme un élément originel de la responsabilité personnelle de l'homme, mais comme manifestation secondaire résultant de la nature, de la culture, de la société, de l'histoire, des relations, de l'inconscient, etc., et qu'on les situe dans le domaine de l'idéologie ou de l'illusion. De la sorte, on aboutit à un affaiblissement de la conscience personnelle au profit de l'influence, inconsciemment subie le plus souvent, des normes sociales d'un monde largement déchristianisé »[42]. Voilà tant de raisons qui expliquent la déformation de la conscience. En effet, la conscience étant déformée, le péché perd sa raison d'être et on ne le distingue plus nulle part. C'est pour cette raison qu'aujourd'hui, on remarque que la confession se fait à compte-gouttes et souvent très timidement dans la plupart

---

[41] Jean-Paul II, « *Reconciliatio et Paenitentia* », n° 18.

[42] Commission théologique Internationale, « *La Réconciliation et la Pénitence* », Rome, 29 Juin 1983, n°2.

[43] Herve ANDONGUI, *A quoi bon se confesser ? Le sacrement de pénitence et de réconciliation : un sacrement en difficulté*, Brazzaville, Tino-Stars, p15.

des paroisses. Cela est aussi dû aux innovations technologiques telles que les nouvelles techniques de communication et la mauvaise conception des notions de liberté et du péché. Toutes ces déviations participent d'une manière ou d'une autre à la déchéance de ce sacrement, voire à sa disparition totale[43].

II.1.5. La responsabilité du clergé

Susciter dans le cœur de l'homme la conversion et la pénitence, et lui offrir le don de la réconciliation, écrit le Pape Jean-Paul II, constitue la mission naturelle de l'Eglise qui continue ainsi l'œuvre rédemptrice de son divin Fondateur. Il poursuit son idée en rappelant que cette mission ne doit pas se limiter à quelques affirmations théoriques ni à proposer un idéal éthique sans l'accompagner des forces nécessaires à sa réalisation. L'expression des fonctions de ce ministère, souligne le Saint-Père, se réalise dans les ministères ordonnés. En d'autres termes, à la suite du Christ, l'Eglise à travers ses clercs a la lourde tâche de donner le goût du sacrement de Pénitence au peuple de Dieu. Cette œuvre missionnaire doit s'accomplir dans le bon témoignage de vie, la disponibilité, la discrétion et l'instruction des fidèles par le biais de la catéchèse. Cependant, la réalité actuelle semble être contraire à ce que le Magistère préconise pour le bien et la promotion de ce sacrement.

Il a été démontré par plusieurs hommes d'Eglise que l'agir du clergé est l'un des facteurs qui contribue à la désaffection du sacrement de la Réconciliation aujourd'hui. C'est dans cette optique que le Père Hervé ANDONGUI considère que le mauvais témoignage de vie de certains clercs décourage de plus en plus les fidèles à s'approcher de la confession. Selon lui, la proximité de certains chrétiens avec les prêtres peut justifier la déchéance de la crédibilité du pasteur d'âmes face à ses fidèles. En guise d'exemples, il cite le cas de certains prêtres qui partagent la bière ou le whisky au presbytère avec les chrétiens. Ils vont même en boite de nuit ensemble et, dans certaines circonstances, se retrouvent dans une auberge ou dans les hôtels de la place. Ces gestes déplacés de certains prêtres, affirme le Père Hervé, peuvent être l'une des raisons qui poussent les chrétiens à tout banaliser[43]. Et, dans ce cas échéant, il s'agit d'un dégoût du sacrement de Pénitence qui s'installe parce que, le fidèle juge le prêtre qui mène ce type de vie indigne d'écouter et d'absoudre les péchés au nom du Christ et de l'Eglise. En fait, la plupart des chrétiens tiennent le plus souvent compte de la crédibilité du prêtre avant de prendre la décision de se confier à lui. Ces affirmations sont le résultat des propos recueillis de la bouche de certains fidèles Catholiques qui jugent inutile d'aller confier leurs péchés auprès d'un clerc qui mène une vie morale indigne au regard de son statut, c'est-à-dire non conforme à ses engagements sacerdotaux. A cela s'ajoute le relativisme spirituel qui est devenu l'apanage de nombreux pasteurs. Se montrant trop relativistes, les âmes faibles et mal informées estiment que ce type de prêtre ne peut pas faire corps avec le Christ et donc ne peut absoudre les péchés en son nom. Ces allégations peuvent paraître banales pour un clerc, mais il doit toujours se souvenir, par contre, que lorsque le crédit de l'Eglise est bas, ce qui est le cas de nos jours, la pénitence semble en voie de disparition[44]. La crédibilité de l'Eglise est appelée à être préservée par les prêtres en premier lieu, et de façon spéciale. Cela doit se traduire dans le témoignage de vie des pasteurs d'âmes qui ont la lourde mission d'encadrer le peuple de Dieu. Promouvoir une mauvaise conduite, c'est ternir l'image de l'Eglise, du prêtre et entraîner cette noble structure vers son discrédit, susceptible d'engendrer le déclin.

En outre, l'indiscrétion de certains confesseurs, justifiée par la violation du secret du confessionnal, reste un problème. Cela apparaît à travers les homélies ou dans les conversations entre amis prêtres et parfois même laïcs. Les plaintes accablantes y relatives sont multiples, au point où beaucoup de fidèles ont peur de solliciter ce sacrement. Malheureusement, dans la majorité des cas, ces accusations s'avèrent fondées et renforcent la crise du sacrement de Pénitence. Or, selon le Code du droit Canonique, « le secret sacramentel est inviolable ; c'est pourquoi il est absolument interdit au confesseur de trahir en quoi que ce soit un pénitent, par des paroles ou d'une autre manière, et pour quelques causes que ce soit » (Code du droit canonique, n°983 §1). Le

---

[43] *Herve ANDONGUI, A quoi bon se confesser ? Le sacrement de pénitence et de réconciliation :*

un sacrement en difficulté, Brazzaville, Tino-Stars, p.18.

[44] Jean AMBAUM, « *Le sacrement dans la vie de pénitence* », dans *Revue Catholique internationale* Communio, tome III, n°5, septembre-octobre 1978, p.40.

non-respect de cette norme du code renforce la remise en cause de l'intégrité du prêtre aux yeux des fidèles. Pourtant, la discrétion pour un confesseur devrait être fondamentalement un des guides, une chose qui s'impose de soi à lui en vue d'exercer ce ministère dans la loyauté.

Hormis la crise des mœurs et de l'indiscrétion, le manque de disponibilité des prêtres habilités à écouter les confessions reste aussi un facteur qui contribue à la crise du sacrement de la réconciliation. Dans un contexte de crise économique qui touche toutes les classes sociales de notre continent, la course aux matériels est devenue la préoccupation de beaucoup de clercs. Cette déviation influence négativement le ministère de ces derniers et, dans cette foulée, nous observons le refus d'une catégorie de prêtres de prendre le temps d'écouter les confessions.

Face à cette situation, le Pape Jean-Paul II écrit : « (…) Tous les prêtres qui ont la faculté d'administrer le sacrement de Pénitence doivent se montrer toujours et pleinement disposés à l'administrer, chaque fois que les fidèles en font raisonnablement la demande. Le manque de disponibilité pour accueillir les brebis blessées, ou encore pour aller à leur rencontre afin de les conduire dans la bergerie, serait un signe attristant du manque de sens pastoral chez ceux qui, par l'ordination sacerdotale, doivent porter en eux l'image du bon pasteur »[45].

La disponibilité et la bonne foi des ministres qui ont reçu mandat de conférer le sacrement de la réconciliation à ceux qui le demandent s'avèrent très importantes. Cet engagement de leur part contribue à encourager les fidèles à venir de temps en temps au confessionnal en vue de se réconcilier avec Dieu et l'Eglise. C'est aussi un moyen efficace de s'attaquer aux plaintes des fidèles qui manifestent le désir de se confesser, mais ne trouvent pas des pasteurs disposés à écouter leurs confessions. Sans la disponibilité, le sacrement est susceptible de perdre sa valeur et de finir par devenir une simple formalité. Ceci dit, le ministre doit accorder assez de temps à chaque pénitent pour que la confession soit perçue comme une véritable célébration, et non comme un exercice routinier. La précipitation et la routine, conséquence du manque de disponibilité du prêtre, réduisent la célébration de ce sacrement à une simple formalité. Ces agissements découragent les fidèles pieux, qui donnent assez de valeur à ce moment d'intimité avec Dieu qu'ils rencontrent

---

[45] Jean Paul II, *Misericordia Dei*, n°1.

à travers le prêtre. C'est finalement dans cette optique que, dans le but de recadrer l'observation des rites, la Conférence des Evêques du Canada rappelle ce qui suit : « Une des raisons pour lesquelles les fidèles se sont éloignés du sacrement de Réconciliation, c'est parce qu'on a souvent célébré ce sacrement de manière trop routinière et avec pauvreté de sens. Le défi des pasteurs aujourd'hui est d'en arriver à célébrer les rites de façon plus signifiante »[46]. Cette invitation des Evêques du Canada constitue en même temps un appel lancé au ministre ordonné à ce sacrement afin de le célébrer avec beaucoup de dévotion et de spiritualité. Pour y arriver, le prêtre doit apprendre à aimer ce sacrement d'un cœur sincère avant de le proposer aux fidèles. N'aimant pas ce sacrement, il est clair que difficilement un prêtre qui se trouve dans cette situation consacre son temps pour écouter une confession. Le Cardinal Joachim MEISNER, le 09 Juin 2010, lors d'une conférence, disait à ce sujet : 'La crise du sacrement de pénitence n'est pas seulement le fait que les gens ne se confessent plus, mais aussi le fait que les prêtres ne sont plus présents au confessionnal'. Ce désengagement des clercs qui jugent inutile de passer une matinée ou un après-midi à écouter les pénitents. Pourtant, « en dehors de la célébration quotidienne de la messe, la disponibilité du prêtre pour l'écoute des confessions sacramentelles et l'accueil des pénitents constitue, selon le Pape Benoit XVI, « la vraie mesure de la charité pastorale du prêtre, et cela témoigne qu'il a assumé avec joie et conviction l'identité qui découle du sacrement de l'ordre et qu'on ne peut jamais réduire à une simple fonction ». En effet, le prêtre est et demeure ministre, c'est-à-dire qu'il est serviteur et administrateur avisé de la divine miséricorde. Il a reçu la grave et lourde responsabilité de « remettre ou de retenir les péchés » (Jean 20, 23). Par son entremise et par la force de l'Esprit qui est Seigneur et qui donne vie, les fidèles peuvent vivre dans l'aujourd'hui de l'Eglise la joyeuse expérience du Fils prodigue qui, de retour à la maison comme esclave, est accueilli et rétabli dans sa dignité filiale »[47]. C'est pourquoi le prêtre doit avoir à l'esprit et considérer que son ministère ne se résume pas à la célébration de la Sainte messe. Résumer le ministère sacerdotal à l'Eucharistie seulement serait une mauvaise interprétation du mandat missionnaire reçu du Christ à travers l'Eglise, mais aussi une négligence. Dommage que cette négligence soit presque devenue une

---

[46] Conférence des Evêques Catholique du Canada, Commission Episcopale de théologie, n°31.
[47] Herve ANDONGUI, *A quoi bon se confesser ? Le sacrement de pénitence et de réconciliation : un sacrement en difficulté*, Brazzaville, Tino-Stars, p. 43.

coutume. Et elle s'étend jusqu'à la mauvaise foi des pasteurs qui ne prennent plus assez de temps pour encadrer et instruire les fidèles à travers une catéchèse visant à bien expliciter tous les contours du sacrement de Réconciliation.

D'où, sur le plan pratique, on constate que la majorité des fidèles, surtout en Afrique, sont mal informés sur les principes qui accompagnent ledit sacrement. En effet, il va de la responsabilité du prêtre de rappeler aux fidèles toute la catéchèse qui gravite autour du sacrement de Pénitence. Puisqu'il manque à la base une initiation de qualité aux jeunes baptisés, et même aux anciens en ce qui concerne la confession. Alors que l'un des rôles du prêtre dans l'exercice de son ministère est celui d'instruire les fidèles chrétiens sur la théologie des sacrements et toutes les prérogatives liées au dit sacrement. Cela s'avère nécessaire parce qu'il y a tant de fidèles, bien qu'actifs, mais qui ignorent encore, par exemple : qu'est-ce qui fait la validité du sacrement de Pénitence? Quel est exactement le rôle joué par le ministre consacré au confessionnal? Est-ce que la validité de ce sacrement dépend du prêtre, de l'Eglise ou du Christ ? Voilà tant de questions qui restent parfois sans réponse dans les têtes de beaucoup des catholiques pratiquants. L'ignorance due au manque d'informations sur ces nombreuses questions cruciales anéantit dans une certaine mesure l'engouement des chrétiens à se presser vers le confessionnal. Cette affirmation est le résultat d'une enquête de terrain réalisée dans deux diocèses différents au Congo Brazzaville.

Les interrogations effectuées sur un échantillon des fidèles de la Paroisse Saint Michel de Madingou, dans le Diocèse de Nkayi au sud du Congo Brazzaville et de la Paroisse Saint Benoît de Boundji, dans le Diocèse D'Owando au nord, ont révélé chez les fidèles des inquiétudes similaires, à savoir : Doute sur la capacité d'un prêtre d'absoudre le péché ; peur de voir son secret être divulgué ; refus catégorique de certains à prendre le chemin du confessionnal parce que victimes de l'indiscrétion d'un prêtre de sa paroisse pour les uns et à cause de l'immaturité de certains prêtres pour les autres. Tant de raisons et de décisions qui résultent d'une réalité vécue, mais aussi d'un manque de connaissances du rôle exact du prêtre dans le sacrement de la réconciliation. C'est au prêtre qu'incombe cette responsabilité d'aider le peuple de Dieu à acquérir une connaissance large et riche de ce sacrement qui commence à perdre sa raison d'être dans les cœurs de beaucoup de Catholiques.

II.2.1. Nécessité et importance du sacrement de Pénitence

La confession individuelle et intégrale des péchés avec absolution constitue l'unique moyen ordinaire qui permet au fidèle, conscient du péché grave, d'être réconcilié avec Dieu et avec l'Eglise. Par conséquent, tout péché grave doit être toujours avoué, avec ses circonstances déterminantes, dans une confession individuelle.[48] D'abord, cette démarche est nécessaire parce que le péché est un acte personnel. Ensuite, il crée une rupture avec Dieu ainsi que l'Eglise, il trouble l'ordre universel établi par la sagesse ineffable et l'amour infini de Dieu, et il détruit des biens immenses chez le pécheur lui-même et dans la communauté des hommes[49].

Cependant, Dieu, dans sa miséricorde, donne toujours aux pécheurs la possibilité de se réconcilier avec Lui à travers le sacrement de Pénitence. Pour l'Eglise, cet engagement doit être personnel. Puisque, « dans le sacrement de la Réconciliation, Dieu nous appelle par notre nom, c'est-à-dire, pour une rencontre personnelle et intime. C'est comme si Dieu voulait nous prendre à part pour un instant, comme de bons amis le font souvent, et nous accorde sa pleine attention et son pardon…»[50]. Il est donc important de promouvoir la confession individuelle lorsqu'on se reconnaît coupable d'un péché grave. C'est un moyen parfait qui donne la possibilité au pécheur de se décharger du poids des péchés qui l'accablent. En fait, le confessionnal est le lieu par excellence où le pénitent se met en présence de Dieu qui se fait représenter par un ministre ordonné. En vertu des pouvoirs qui lui sont conféré par l'Eglise, il tient lieu et place du Christ en face du pénitent. De ce fait, il n'est pas juste de prétendre s'en passer des ministres consacrés lorsqu'on veut confesser ses péchés. Car, en dehors du dialogue sacramentel de la « confession, » il n'y a pas un autre moyen qui nous donne la possibilité de dire notre faute et de recevoir en retour la grâce et le pardon du Seigneur. Cette œuvre salvifique se réalise à travers les paroles et les gestes du prêtre, ce qu'aucun thérapeute ne peut octroyer[51]. Dans le processus du sacrement de la réconciliation tel que institué par l'Eglise, la médiation du prêtre est, nécessaire, incontestable et incontournable. Cette prérogative n'est pas une

---

[48] Jean-Paul II, « *Reconciliatio et Paenitentia* », n°2.
[49] Paul VI, Constitution apostolique Indulgentiarum Doctrina, n°2.
[50] Conférence Episcopale des Evêques du Canada, Réflexion Théologique et pastorale des ministres du sacrement, n°15.
[51] Abbé François-Xavier AMHERDT, « *le pardon de Dieu un trésor aux multiples facettes* » dans Documentation catholique, tome CVI, n°2424, Mai 2009, p.507.

invention pure et simple de l'Eglise. Elle se réfère au geste du Christ qui a fait don aux apôtres de son propre pouvoir de pardonner les péchés et l'autorité de réconcilier les pécheurs avec l'Eglise[52]. Ce n'est pas le ministre qui pardonne les péchés, mais le Christ Lui-même par le canal de ce dernier. Sans aucun doute, le pardon dans le processus du sacrement de la réconciliation est un cadeau personnel de Dieu. Il l'accorde seulement à ceux qui prennent le courage de s'avouer pécheurs en face de lui dans l'humilité. Cet aveu s'effectue, comme nous l'avons dit plus haut, dans la rencontre interpersonnelle vécue dans le cadre du sacrement du pardon donné dans sa forme individuelle. C'est pourquoi, la tradition de l'Eglise donne de la valeur à l'aveu des fautes devant Dieu et la présente comme condition préliminaire pour s'ouvrir au pardon sacramentel. C'est pourquoi, avouer sa faute, c'est comme « cracher le morceau » qui nous est resté en travers de la gorge, avant de s'entendre dire le pardon de Dieu de la part du prêtre ordonné, qui représente le Christ[53]. Dans le même ordre d'idées, le Pape François affirme que Dieu, dans sa miséricorde souveraine, pardonne chacun, mais il veut que ceux qui appartiennent au Christ, les membres de l'Eglise, reçoivent leur pardon par l'intermédiaire des ministres de la communauté ecclésiale (Homélie du 20 Novembre 201).

Conscient de la fragilité de l'Homme, au terme de sa mission sur terre, le Christ a institué personnellement le sacrement de la Réconciliation. Il a fait de ses apôtres les intendants de ce sacrement et, en vertu de la succession apostolique, les prêtres reçoivent ce ministère à travers l'imposition des mains des Evêques. En réalité, la médiation sacerdotale est en fait le prolongement de la mission que les apôtres ont reçue du Christ. A travers les prêtres, c'est le Christ Lui-même qui pardonne et absout les péchés. Ceci explique la raison fondamentale pour laquelle l'Eglise, par l'entremise de son Magistère, insiste sur cette forme de Pénitence qui implique individuellement le pénitent. Personne n'a donc le droit de s'arroger le pouvoir de faire outrage à cette initiative de Dieu qui veut que le pécheur confesse son péché devant un prêtre. Ayant reçu mandat d'exercer ce ministère, le ministre accorde le pardon du Père plein de miséricorde au nom du Christ et de l'Eglise. C'est aussi dans le sacrement de pénitence que les fidèles qui confessent leurs péchés à un ministre légitime, en ont la contrition et forment le propos de s'amender,

---

[52] CEC., n°1444.
[53] Abbé François-Xavier AMHERDT, « *Le pardon de Dieu un trésor aux multiples facettes* » dans Documentation catholique, tome CVI, n°2424, Mai 2009, p.507.

obtiennent de Dieu, par l'absolution donnée par ce même ministre, le pardon des péchés qu'ils ont commis après le baptême, et ils sont en même temps réconciliés avec l'Eglise qu'ils ont blessée en péchant (Code de droit canonique, canon 959).

Bien que baptisés, nous ne cessons de pécher et parfois gravement. L'état peccamineux nous prive de la grâce de Dieu et de ces dons. Négliger le sacrement de la Réconciliation est donc une grave faute pour un chrétien. Puisque c'est par le biais de la confession que le Seigneur nous donne l'occasion de nous réconcilier avec Lui. Parce que, lorsque nous péchons, nous blessons l'amour de Dieu en nous et retardons la marche de l'Eglise vers la sainteté. Effectivement, sans le prêtre, on ne peut obtenir le pardon de Dieu et une éventuelle réconciliation. Nous avons toujours besoin d'emprunter le chemin du confessionnal parce qu'aucune conversion d'un chrétien ayant péché gravement ne s'opère sans la volonté ferme d'entrer dans la voie de la Pénitence sacramentelle[54]. Le don du pardon de Dieu ne s'approprie pas par ses propres efforts. C'est plutôt la Pénitence sacramentelle qui ouvre à la miséricorde de Dieu et nous rend notre dignité de fils de Dieu. Simultanément, « elle rétablit aussi la dignité baptismale dans sa splendeur originelle et donne à chaque pénitent la force d'un nouveau départ (...) »[55]. La dimension individuelle est déterminante dans le processus de ce sacrement. En effet, le péché est personnel, c'est pourquoi « la réconciliation a toujours une dimension personnelle, où les personnes disparaissent. Dieu ne réconcilie jamais « en bloc ». Comme a fait Jésus avec les pécheurs qu'il rencontrait. Il leur pardonnait toujours au singulier. « Mon fils, tes péchés sont pardonnés » (Marc 2, 5 ; voir aussi son attitude avec la femme pécheresse, avec Zachée). De même, il est important que l'homme qui se repent dise « je » à Dieu, lui parler de manière singulière et lui énoncer le péché qui lui a été révélé. Ce caractère personnel de la réconciliation vient aussi de ce que le péché, même commis plusieurs fois, est toujours personnel. Il y a des structures sociales, disons collectives, infestées et contagieuses, mais le péché y reste personnel »[56]. Prendre la responsabilité de son mal, l'avouer et solliciter l'absolution individuelle reste le moyen indiqué et

---

[54] Denzinger, n°897.

[55] Abbé François-Xavier AMHERDT, « *le pardon de Dieu un trésor aux multiples facettes* » dans Documentation catholique, tome CVI, n°2424, Mai 2009, p.508.

[56] Claude Duchesneau, Monique Brulin, Philippe Brras, Laissez-vous réconcilier avec Dieu, Paris, Cerf, 1999, p.45.

approprié qui permet au pénitent de se libérer de l'esclavage du péché et être transformé de l'intérieur. Sans aveux, il n'y a pas rémission des péchés, Saint Jean le souligne lorsqu'il écrit : « Si nous confessons nos péchés, lui, fidèle et juste, pardonnera nos péchés et nous purifiera de toute iniquité ( ) » (1jean 1, 9). A la lumière de l'analyse de ce passage, l'auteur sacré montre que la confession n'est pas facultative si nous tenons à obtenir la miséricorde et le pardon de Dieu. Le recours à ce sacrement s'avère indispensable, voire obligatoire, pour celui qui désire mener une bonne vie chrétienne et être en harmonie avec Dieu et l'Eglise.

La confession individuelle suivie de l'absolution comporte de nombreux effets positifs qui contribuent au bien-être de la vie spirituelle et morale des fidèles. Elle procure la liberté intérieure ainsi que la paix du cœur et de l'âme à ceux qui la pratiquent. En même temps, elle '' apporte une véritable résurrection spirituelle,'' une restitution de la dignité et des biens de la vie des enfants de Dieu, dont le plus précieux est l'amitié de Dieu (Luc 15, 32) ».[57]

En outre, il faut noter que le sacrement de pénitence est pour le pécheur l'expression d'un retour vers Dieu. C'est un retour à l'Eglise dont il s'est séparé à cause du péché, mais encore, il est le renouvellement de l'alliance avec le Père et de notre vie baptismale. Parce que le sacrement de pénitence est un renouvellement du baptême, et on peut le considérer comme une réintégration chrétienne qui conduit à l'Eucharistie dont elle est le sommet[58]. En elle, nous sommes guéris de la lèpre du péché et retrouvons la faculté de communier au corps et au sang du Christ. Car il est déconseillé de s'approcher du Mystère de l'Eucharistie sans avoir reçu du Christ la grâce de la réconciliation.

L'Eucharistie, dit le Père Michel, est inséparable de la Pénitence, de la reconnaissance et de la confession. C'est pourquoi, avant d'aller communier, il est important de se confesser auprès du ministre[59]. C'est un passage obligé pour celui qui veut participer dignement aux célébrations Eucharistiques et en bénéficier des grâces du très haut. Puisque le péché mortel nous rend

---

[57] CEC., n°1468.
[58] Claude Duchesneau, Monique Brulin, Philippe Brras, Laissez-vous réconcilier avec Dieu, Paris, Cerf, 1999, p.52.
[59] P.Michel SALES, « la pénitence », dans Revue Catholique Internationale Communio, tom III, n°5, septembreOctobre 1978, p.28.

indignes du culte. En elle, nous restaurons aussi en nous simultanément la sainteté baptismale et la communion avec toute l'Eglise perdue à cause du péché. En clair, la confession sacramentelle est nécessaire pour tout chrétien. Dans l'Eglise, ne reçoit le pardon de Dieu que celui ou celle qui s'approchent du sacrement de la Réconciliation. En fait, il permet à tout ce qui le pratique de se purifier et de rendre leur âme en état de grâce devant la face du Seigneur.

Les effets positifs qui justifient la nécessité du sacrement de Pénitence ne se limitent pas seulement à la Réconciliation avec Dieu et l'Eglise. La pénitence sacramentelle ranime aussi la flamme de l'Esprit, allumée au jour du baptême, la flamme que le péché tend toujours à étouffer, ou encore, il fortifie le dynamisme pascal qui lui aussi tend toujours à se relâcher[60]. Il détruit dans la volonté du pécheur l'état d'adversité contre la volonté de Dieu qui règne en lui, ainsi que cicatrise les blessures causées par le péché.

II.2.2. Proposition pour la revalorisation du sacrement de Pénitence dans l'Eglise

« Pour promouvoir la pénitence et la réconciliation, l'Eglise dispose surtout de deux moyens qui lui ont été confiés par son Fondateur même : la catéchèse et les sacrements. L'Eglise les met en œuvre d'une façon qu'elle considère toujours pleinement adaptée aux exigences de sa mission salvifique et répondant en même temps aux exigences et aux besoins spirituels des hommes de tous les temps ( ) »[61]. La Pénitence est l'un des sacrements qui a besoin d'être revalorisé aujourd'hui. L'ignorance des fidèles en ce qui concerne la théologie de ce sacrement est l'une des causes qui suscitent de plus en plus sa désaffection. Beaucoup de fidèles semblent être mal informés sur les prérogatives théologiques et canoniques du sacrement de la Réconciliation et, finalement, lui accordent moins d'importance. Face à cette crise, le devoir de l'Eglise est celui d'aider ses fidèles à reprendre le chemin du confessionnal avec conviction et dévotion. Et la catéchèse reste l'un des moyens sûrs susceptibles de redonner de la saveur à ce noble sacrement pour le bien- être spirituel du peuple de Dieu. En clair, il s'agit de rappeler aux

---

[60] Jose LAVAUD, La Pénitence, « *La pénitence, second baptême* », dans Revue Catholique Internationale, Communio, tom III, n°5, Septembre-octobre 1978, p.22.
[61] Jean-Paul II, « *Reconciliatio et Paenitentia* », n°20

chrétiens, en des termes simples, les bienfaits de la confession et d'éclaircir toutes tous les points obscurs qui font obstacle à leur engagement vers le confessionnal. Cette tâche s'avère urgente et vaut son pesant d'or dans un contexte africain où la lecture des textes du Magistère est quasiment rare chez les fidèles. C'est en fait au clergé que revient la responsabilité d'instruire le peuple de Dieu et de les emmener à comprendre ce que l'Eglise dit de la Pénitence sacramentelle.

Ainsi, à travers une récollection, une session de formation et, pourquoi pas, une homélie, il est indispensable de rafraîchir la mémoire des fidèles avec les notions de base reçues au catéchisme. Commencer par exemple à les faire comprendre que la vie nouvelle reçue dans l'initiation chrétienne ne supprime pas la fragilité et la faiblesse de la nature humaine, ni l'inclination au péché[62]. Par conséquent, marchant vers le Royaume de Dieu, chaque chrétien a l'obligation, voire le devoir d'harmoniser sa relation avec le Seigneur chaque fois qu'il la fragilise à cause du péché. Cela étant, celui qui tient à avancer vers la lumière de Dieu a donc intérêt d'emprunter de temps en temps le chemin de la conversion qui nous ouvre les portes de la réconciliation. Cependant, cette réconciliation nécessite toujours la médiation explicite de l'Eglise qui est assurée par les ministres sacrés.

D'où, il n'y a pas à avoir honte d'aller vers le prêtre pour la confession lorsqu'on se reconnaît coupable d'un péché grave. Quelle que soit la gravité du mal commis, il ne faut pas désespérer de la miséricorde de Dieu. Le Seigneur pardonne toujours tout pécheur qui confesse son péché individuellement auprès d'un ministre accrédité de ce sacrement. En réalité, le signe marquant du sacrement de la réconciliation est la rencontre entre le prêtre et le pénitent. Il faut parvenir à faire comprendre aux chrétiens que cette démarche est incontestable parce que « le pardon de nos péchés n'est pas quelque chose que nous pouvons nous donner à nous-mêmes. (…) Le pardon se demande, il se demande à quelqu'un d'autre et dans la confession, nous demandons à Jésus son pardon… » (Catéchèse du Pape François sur le pardon du 19/02/2014). Il serait donc insensé et présomptueux de laisser arbitrairement de côté les instruments de grâce et de salut institués par le Seigneur pour la rémission des péchés en vue du pardon.

---

[62] CEC., n°1426.

Toutefois, dans le cadre de notre travail, nous avons écouté un échantillon des fidèles de deux diocèses du Congo Brazzaville (Nkayi et Owando). Au cours des échanges, nous avons relevé qu'une question taraude leurs esprits. Il s'agit d'une inquiétude et d'un doute sur le rôle exact du prêtre dans le processus du sacrement de Pénitence. Pour n'avoir pas trouvé de réponses à leurs interrogations, beaucoup se réservent de prendre l'engagement de confesser leurs péchés devant un humain pécheur comme eux. En conséquence, il est important que le prêtre prenne assez de temps pour communiquer avec les fidèles pour éclaircir certaines zones d'ombres qui obscurcissent leur foi, et même leur dévouement pour les sacrements. Dans le cas échéant, il s'agit d'expliquer au peuple de Dieu concerné par ce sacrement que le prêtre écoute et absout les péchés au nom du Seigneur. Il n'est que « « ministre du Christ », c'est-à-dire oreille du Christ pour entendre l'aveu, sagesse du Christ pour juger, bouche du Christ pour prononcer l'effacement ( ) »[63]. L'absolution prononcée par le ministre ne dépend pas de lui, parce que tous les sacrements et notamment la Pénitence agissent « ex opere operato » c'est-à-dire en vertu de Dieu lui-même, indépendamment de la foi ou de la vertu du prêtre qui les confesse. C'est pourquoi, « l'usage du sacrement de pénitence, doit être accordé, non aux qualités de l'homme qui entend la confession, mais à sa qualité de ministre du Christ. Parce que nous manquons de foi, nous nous attachons exagérément à la valeur humaine du confesseur, valeur réelle, objective, ou valeur que lui attribue notre sympathie et notre confiance ( ) »[64]. Tout prêtre ordonné validement et qui a reçu de son Evêque l'autorisation d'écouter les confessions bénéficie de la grâce d'état. En conséquence, il n'y a pas une catégorie des clercs qui possèdent le privilège de confesser les pénitents et les autres non. Au confessionnal, « le prêtre comme « homme n'offre pas le pardon des fautes au nom de sa propre sainteté. Quand il lève sa main pour bénir et qu'il prononce les paroles de l'absolution, il agit in persona Christi : non seulement comme représentant de Dieu, mais aussi et surtout comme un instrument humain ou, de manière mystérieuse et réelle, est présent et agit le Seigneur Jésus » »[65]. Il revient donc au prêtre de prendre conscience et d'en mesurer la responsabilité qu'il ne faut pas prendre à la légère. Malheureusement, certains prêtres se donnent en

---

[63] Herve ANDONGUI, A quoi bon se confesser ? Le sacrement de pénitence et de réconciliation : un sacrement en difficulté, Brazzaville, Tino-Stars, p.44.

[64] Idem., p.45

[65] Hervé ANDONGUI, *A quoi bon se confesser ? Le sacrement de pénitence et de réconciliation : un sacrement en difficulté*, Brazzaville, Tino-Stars, p.44.

spectacle et deviennent objets de scandale, oubliant qu'ils ont le devoir d'incarner à plein temps le visage du bon pasteur. Et cela doit s'exprimer à travers leurs témoignages de vie, duquel jaillit un modèle de vie digne d'un clerc. Au besoin, « qu'il soit irréprochable devant la communauté paroissiale et devant Dieu. A vrai dire, le confesseur doit se mettre en condition spirituellement avant d'administrer le sacrement de réconciliation »[66]. Dans un contexte où le relativisme spirituel et moral a atteint des proportions inquiétantes, conscient de la tâche qu'il doit accomplir, le prêtre doit faire un effort de mener une vie morale et spirituelle exemplaire. Certes, la validité de l'absolution ne dépend pas de la qualité spirituelle et morale du ministre, mais le témoignage de vie et la spiritualité sont deux éléments qui peuvent attirer et mettre en confiance les fidèles qui viennent au confessionnal.

Pour bien accomplir ce ministère, il convient que le confesseur possède des qualités humaines de prudence, de discrétion, de discernement, de fermeté tempérée par la douceur et la bonté, écrit Jean-Paul II. « Il doit avoir aussi une préparation sérieuse, non point fragmentaire, mais complète et cohérente dans les divers secteurs de la théologie, dans les domaines de la pédagogie et de la psychologie, de la méthodologie du dialogue, et surtout en matière de connaissance profonde et communicative de la parole de Dieu. Mais il est encore nécessairement impérieux que le confesseur soit animé d'une vie spirituelle intense et sincère. Pour conduire les autres sur la voie de la perfection chrétienne, le ministre de la Pénitence doit le premier parcourir lui-même ce chemin et donner–plus par des actes que par d'abondants discours – des preuves d'expérience réelle de l'oraison vécue, de pratique des vertus évangéliques théologales et morales, d'obéissance fidèle à la volonté de Dieu, d'amour de l'Eglise et de docilité à son Magistère »[67]. Toutes ces qualités sont importantes à cultiver pour un prêtre qui veut bien exercer le ministère de la Réconciliation et attirer les fidèles qui sont très exigeants de nos jours. Pour eux, être ordonné prêtre ne suffit pas, voilà pourquoi son style de vie et sa vie spirituelle doivent être dignes d'un serviteur de Dieu. Il doit aimer ce qu'il célèbre, autrement dit ne pas seulement le conférer aux autres, mais aussi le contracter soi-même pour son bien-être spirituel. Comme le dit le Cardinal Joachim, "quand le prêtre s'éloigne du confessionnal, il entre dans une grave crise d'identité. Il doit donc de temps en temps fréquenter ce sacrement parce qu'il est le lieu privilégié pour approfondir son identité de prêtre, lequel est

---

[66] Idem., p.44.
[67] Jean Paul II, « *Reconciliatio et Paenitentia* », n°29.

appelé à faire en sorte que lui – même et les croyants se mettent à puiser dans la plénitude du Christ soit perçu à travers nous, par autrui, est le péché. C'est lui qui empêche la présence du Seigneur dans notre existence. Un prêtre qui ne se trouve pas fréquemment soit d'un côté soit de l'autre de la grille du confessionnal subit des dommages permanents dans son âme et dans sa mission" (Conférence du Cardinal Joachim Meisner, le 09/06/20210). C'est donc en empruntant le chemin de la conversion permanente que le ministre peut aider les pénitents à voir dans le rite pénitentiel la personne du Christ par l'intermédiaire du prêtre. Pour mieux accomplir ce ministère, il est nécessaire que le ministre prenne conscience de la noble tâche qu'il doit accomplir au confessionnal. C'est-à-dire, il doit apprendre à se préparer avant de pouvoir écouter les confessions des fidèles et parler au nom du Christ. Il faut donc une certaine humilité de la part du prêtre dans l'exercice de ce ministère. Ne jamais vouloir prendre la place de Dieu, mais toujours agir en serviteur tout en comptant sur la grâce de l'Esprit Saint dans sa vie. La dimension spirituelle doit guider celui qui exerce ce ministère. Car l'une des défaillances les plus tragiques que notre Eglise a connues dans la seconde moitié du XXème siècle, est d'avoir négligé le don de l'Esprit Saint dans le sacrement de Pénitence. Cette négligence provoque chez le prêtre une terrible perte du point de vue spirituel. (Conférence du Cardinal Joachim Meisner, le 09/06/2010).

 Pour le Pape François, un bon confesseur, c'est celui qui invoque toujours l'Esprit Saint pour qu'il soit bien disposé à compatir et à discerner. Il poursuit son propos en rappelant que c'est ce même Esprit qui permet au confesseur de s'identifier avec les souffrances de ses frères et sœurs qui s'approchent du confessionnal, afin de mieux les accompagner avec un discernement prudent et mur et une véritable compassion pour les souffrances causées par la pauvreté du péché. De plus, selon lui, un excellent confesseur « est avant tout un véritable ami de Jésus, bon pasteur. Sans cette amitié, il sera bien difficile de faire mûrir cette paternité, si nécessaire dans le ministère de la réconciliation. Etre amis de Jésus signifie avant tout cultiver la prière. Tant une prière personnelle avec le Seigneur, en demandant sans cesse le don de la charité pastorale, qu'une prière spécifique pour l'exercice de la tâche de confesseur et pour les fidèles, frères et sœurs qui s'approchent de nous à la recherche de la miséricorde de Dieu ». Confesser, dit le Saint-Père actuel avec insistance, est une priorité pastorale, voilà pourquoi il déconseille de mettre des panneaux avec mention « les confessions se font uniquement le lundi, le mercredi de telle heure à telle heure ». Il faut confesser chaque fois qu'on le demande (Sermon du Pape François au cours d'une audience à la Pénitencerie apostolique sur le bon confesseur, le 23/03/2017). Toutes ces qualités spirituelles énumérées par le Pape François que doit avoir un ministre du pardon et qu'il nomme lui-même « portrait-robot d'un bon confesseur » sont indispensables pour redonner du tonus à ce noble ministère en proie à la dérive. En effet, il est évident que si le sacrement de Pénitence connaît un déclin aujourd'hui, c'est aussi à cause du relativisme spirituel de certains prêtres qui ne reflètent plus l'image du bon Pasteur. Il sera difficile de redonner le courage aux fidèles de revenir vers le confessionnal si le prêtre ne prend pas d'abord conscience de ce qu'il est, c'est-à-dire de vivre en harmonie avec ce qu'il annonce, en menant une vie morale et spirituelle tendant à la perfection. Un clerc vide spirituellement et qui n'entretient pas une relation intime avec Jésus qu'il doit représenter dans l'exercice du ministère du pardon ne peut donner aux pénitents le goût de ce sacrement. Les faits et gestes du ministre pendant la confession peuvent éventuellement donner aux fidèles qui en font une bonne expérience un goût excessif de ce sacrement. Mais, s'il est célébré avec beaucoup de négligence, comme le font certains prêtres qui s'ennuient à écouter les confessions, cela décourage et pousse les esprits faibles à ne plus fréquenter le confessionnal.

Conclusion

En définitive, il convient de retenir que la Pénitence est l'un des sacrements qui ont besoin d'être revalorisés aujourd'hui, puisque l'ignorance des fidèles en ce qui concerne la théologie de ce sacrement est l'une des causes qui suscitent de plus en plus sa désaffection. Beaucoup de fidèles semblent être mal informés sur les prérogatives théologiques et canoniques du sacrement de la Réconciliation et finalement lui accordent moins d'importance. Face à cette crise, notre devoir est celui d'aider les uns et les autres à reprendre le chemin du confessionnal avec conviction et dévotion. Tel est le but de cette œuvre consacrée à l'origine, la crise et l'importance du sacrement de la pénitence.

En résumé, il faut d'abord noter que la notion de pénitence et de réconciliation n'est pas une invention pure et simple de l'Eglise Catholique Romaine. Elle tire ses origines dans la Bible et plus précisément dans l'Ancienne Alliance chez les Juifs, bien qu'elle n'ait pas valeur de Sacrement. Dans la nouvelle Alliance, par contre, elle devient Sacrement parce qu'instituée par le Christ.

Ensuite, la crise du Sacrement de pénitence a pour cause immédiate la perte du sens du péché qui se manifeste par le refus de l'Homme de reconnaître ses torts. A cela, il faut ajouter les progrès de la science qui ont pour conséquence la déformation de la conscience et l'exclusion de Dieu ; la responsabilité du clergé, que nous avons située à deux niveaux : d'une part, le comportement peu recommandable de certains prêtres qui empêche les fidèles de les prendre au sérieux lorsqu'ils exercent leurs ministères, d'autre part, le manque de disponibilité de ces derniers à écouter les confessions et d'informer les fidèles sur ce sacrement.

Enfin, faisant référence aux textes du Magistère et aux réflexions attestées de certains théologiens, nous avons montré la nécessité et l'importance du sacrement de la Réconciliation dans la vie d'un chrétien. Pour tout dire, la crise liée au sacrement de pénitence fait encore son chemin actuellement dans l'Eglise. Les raisons qui justifient ce malaise sont multiples et ses mobiles sont à la fois internes et externes à l'Eglise. Cependant, les résultats de nos recherches ont révélé que lorsqu'on parle des causes de la crise du sacrement de la Réconciliation, on met beaucoup plus l'accent sur les causes extérieures. Pourtant, au sein de l'Eglise, il y a des comportements indignes qui renforcent ladite crise et l'aident à faire son cours. Aussi, le Magistère ordinaire et extraordinaire devrait penser à l'heure actuelle à trouver des mécanismes pour combattre de l'intérieur tous ces vices qui occasionnent la déchéance du sacrement de pénitence.

Il faut donc une formation de conscience à travers une catéchèse soutenue pour les fidèles laïcs avant et après les sacrements de l'initiation chrétienne. Car l'ignorance du peuple de Dieu engendre un grand problème de foi qui influe négativement sur leur façon de considérer et de concevoir le sacrement de la réconciliation. C'est en fait pendant la catéchèse pré et post baptismale que l'on doit insister sur le sens du péché et ses conséquences sur la vie chrétienne. Montrer que la confession personnelle est un devoir pour chaque chrétien et que c'est toujours de façon individuelle que le Seigneur nous remet nos péchés. Simultanément, signifier que la confession personnelle demeure la seule voie régulière de la Réconciliation des pécheurs avec Dieu et l'Eglise. Le pardon des péchés ainsi que la conversion sont plus explicites dans la confession et dans l'absolution individuelle. Promouvoir cet accompagnement après les sacrements de l'initiation chrétienne s'avère indispensable parce qu'il se pose aussi un grand problème de foi dans la vie spirituelle des fidèles. Par exemple : la difficulté de croire que c'est le Christ Lui-même qui agit à travers les prêtres au confessionnal ; de qui dépend la validité du sacrement et ses effets restent des sujets complexes qui suscitent beaucoup d'interrogations auprès des fidèles. Il faut éclairer ces zones d'ombres pour aider les fidèles à comprendre l'impact de ce sacrement.

Toutefois, bien qu'ayant reçu une bonne dose de théologie pendant la formation initiale, les prêtres ont aussi besoin d'être sensibilisés de temps en temps sur la valeur de ce sacrement et les normes Canoniques qui l'accompagnent. Puisque beaucoup de ministres de la Réconciliation, par exemple, divulguent le secret du confessionnal à cause de leur manque de discrétion. Or, la discrétion est l'une des dispositions capitales du sacrement de la pénitence que tout prêtre a le devoir de respecter. De plus, il faut inviter les prêtres à la disponibilité et à l'amour de ce sacrement, ainsi qu'à croire à ce qu'ils célèbrent. Insister sur le témoignage de vie qui consiste à incarner la figure du bon pasteur et surtout bannir la culture du relativisme religieux, un mal qui ronge le clergé de nos jours. Car une redécouverte du sacrement de pénitence ne sera possible que si les prêtres se rappellent constamment de la tâche incomparable qui leur est confiée dans l'administration de ce sacrement[68].

[68] Christoph Von Schönborn, La pénitence, « *Evangélisation, célébration et Sacrement* » revue Catholique Communio, tom III, n°5, septembre – octobre 1972, p.38.

BIBLIOGRAPHIE

I.   Textes des Ecritures

1. BIBLE DE JERUSALEM, nouvelle édition revue et augmentée. Paris, Cerf, 2001.

II.   Documents du magistère

2. Catéchisme de l'Eglise Catholique., Paris, Mame, 1992.

3. Code du droit canonique, Paris, Editions Centurion, Cerf, Tardy, 1984.

4. Denzinger, Symboles et définitions de la Foi Catholique. Paris, Cerf, 1996.

III.   Autres documents du Magistère

5. Jean Paul II, Reconciliatio et Paenitentia, Exhortation apostolique post – Synodale. Paris, Cerf, 1984.

6. Commission Théologique Internationale, Rome, du 29 Juin 1983.

7. Paul VI, Constitution apostolique Indulgentiarum doctrina. Rome, du 1er janvier 1967.

8. Conférence Episcopale des Evêques du Canada, Réflexion Théologique et pastorale à l'intérieur des ministres du sacrement de pénitence, du 28 février 2008.

9. Jean Paul II, Misericordia Dei. Lettre Apostolique en forme de « Motu Proprio ». Rome, du 7 avril 2002.

IV.   Ouvrages cités

10. Père Hervé ANDONGUI., A quoi bon se confesser ? Le Sacrement de pénitence et de réconciliation : un sacrement en difficulté. Brazzaville, Ed Tino-Stars, 2012.

11. Paul Galatier., Aux origines du Sacrement de Pénitence., Cura Pontifica Universistas Gregorianae, 1951.

12. Théodule Rey-Mermet., Laissez-Vous réconcilier. Paris, Cerf, 1992.

13. Semaine des intellectuels Catholiques., Monde Moderne et Sens du Péché. Paris, Ed. PIERRE HORAY. 1956.

14. J-C. SAGNE., Culpabilité, Pénitence. Paris, Cerf., 1971.

15. Gérard DEFOIS et Al., Le Sacrement de réconciliation, vers une pastorale pénitentielle. Paris, Ed. BERRAR, 1970.

16. Claude DUCHESNEAU et Al., Laissez- vous Réconcilier avec Dieu., Paris, Cerf. 1999.

17. Aline LIZOTE., Collection Docteur Angélique II, les sept Sacrements.,

Paris, Nouvelles Editions Latines. 1982.

18. Jean-Marie AUBERT, LA MORALE., Paris, Editions du Centurion, 1992.

V.   Articles cités

19. Abbé François- Xavier AMHERDT., « le pardon de Dieu un trésor aux multiples facettes », dans Documentation catholique, Tome CVI, n°2424 (Mai), 2009.

20. P. GERVAIS., l'Exhortation apostolique « Reconciliatio et paenitentiae » dans nouvelle revue théologique, Tome 108, n°2 (Mars – Avril), 1986.

21. Xavier JACQUES., « Le Sacrement de la conversion » dans Cahiers spirituels Christus, Tome 10, n°39 (Juillet), 1963.

22. Jean AMBAUM., « Le sacrement dans la vie de pénitence » dans Revue Catholique Internationale Communio, n°III, 5- (septembre-octobre), 1978.

Printed by Books on Demand GmbH, Norderstedt / Germany